Veit Lindau
Erfolgsbooster

AF178305

GOLDMANN
Lesen erleben

VEIT LINDAU

ERFOLGS BOOSTER

MACH DEINE TRÄUME WAHR!

GOLDMANN

2. Auflage

Originalausgabe November 2016
© 2016 Wilhelm Goldmann Verlag, München,
in der Verlagsgruppe Random House GmbH,
Neumarkter Str. 28, 81673 München
Umschlaggestaltung: UNO Werbeagentur, München
Umschlagmotiv: © FinePic®, München
Lektorat: Mareike Fallwickl, Hof bei Salzburg,
Judith Mark, Freiburg i. Br.
fm · Herstellung: cb
Satz: Satzwerk Huber, Germering
Druck und Bindung: GGP Media GmbH, Pößneck
Printed in Germany
ISBN 978-3-442-22173-8

www.goldmann-verlag.de

Wie auch immer du bis heute gelebt hast,
du hast deine Möglichkeiten noch lange nicht
ausgeschöpft.
Dieses Buch ist jener kühnen, verrückten Idee
gewidmet,
die sich durch dich manifestieren möchte.
Alles, was wir manchmal brauchen,
um endlich loszulegen und das Leben unserer
Träume wahr werden zu lassen,
ist ein guter Freund, der sagt:
»Geh jetzt los«,
und der liebevoll-konsequent an unserer Seite
steht,
bis wir unser Ziel erreicht haben.
Wenn du willst,
bin ich dieser Freund für dich.
Hör auf zu träumen.
Steh auf.
Richte dich aus.
Geh jetzt endlich los.

PROLOG

Dieses Buch ist der Freund, den du dir an deiner Seite wünschst, wenn du dich einer der großen Herausforderungen deines Lebens stellst. Natürlich kann es keinen echten Menschen ersetzen. Doch es wurde von einem echten Menschen geschrieben. Von jemandem, der sehr an deinem Erfolg interessiert ist. Dafür muss ich dich nicht kennen. Ich weiß, dass du uns allen in deiner schönsten und stärksten Version am besten dienst. Jedes Mal, wenn ein Mensch eine starke, gute Vision empfängt und es ihm gelingt, sie auch zu manifestieren, wird Energie freigesetzt – in Form von Selbstvertrauen und Freude. Die Auswirkung dieser Welle spüren all seine Freunde und Kollegen. Sie berührt sie. Sie inspiriert sie. Sie verändert sie. Sie beginnen, alte Grenzen infrage zu stellen, ebenfalls größer zu denken und zu handeln. So kommt die Erfolgsfreude jedes Einzelnen auf offensichtlichen und verborgenen Wegen irgendwann bei uns allen an. Falls du irgendwo in einem verstaubten Bereich deiner Gehirnwindungen denken solltest, Erfolg sei egoistisch, vergiss das ganz schnell. Erfolg ist natürlich. Erfolg ist gut. Erfolg ist Leben.

Der einzige Grund, warum du einen leckeren Apfel essen kannst, ist, dass die Biene (die die Blü-

te bestäubte) und der Apfelbaum erfolgreich waren.

Die Menschen, die für dich zur inspirierenden, ermutigenden Quelle wurden, sind das die erfolglosen Jammerer oder diejenigen, die ihre Träume angehen und Realität werden lassen? Eine der schlimmsten geistigen Krankheiten, die uns befallen kann, ist erlernte Hilflosigkeit. Wir werden alle als kreative Genies und Freigeister geboren. Wir kommen mit dem instinktiven Vertrauen zur Welt, alles meistern zu können. Wir gehen zu Beginn selbstverständlich davon aus, ein Recht auf große Träume zu haben. Wir kennen noch kein »Ich kann nicht« und »Ich darf nicht«. Das wird uns beigebracht. Es wird uns eingeflößt. Viele Jahre lang – auf die nette und die harte Tour. Mit 20 hast du diese künstlichen Grenzen so verinnerlicht, dass du sie nicht mehr infrage stellst. Im Gegenteil. Du beginnst, sie zu verteidigen. Du lachst nun selbst Menschen für ihre »verrückten« Ideen aus. Anstatt mit den kraftvollen Schöpfern in einen sportlichen Wettstreit zu treten, gesellst du dich zu den notorischen Verhinderern auf der Bank. Sie starren neidisch auf das Spielfeld und warten sehnsüchtig darauf, dass die Mutigen fallen. Denn deren Niederlage gibt ihren Zweifeln (scheinbar) recht.

Um erlernte Hilflosigkeit zu verstehen, stell dir einen Riesen vor, dem von seiner Geburt an immer wieder der Gedanke eingebläut wurde, er sei ein kleiner, schwacher Zwerg. Zu Beginn glaubt er, das sei ein lustiges Spiel. Irgendwann vergisst er die Wahrheit. Er »weiß« nun, dass er hilflos ist. Er kann die Umstände – privat, beruflich, finanziell –, die ihn so nerven, nicht ändern. Er ist dafür zu schwach. Er hat es ein paar Mal versucht, doch er ist immer wieder auf halber Strecke gescheitert. Und wenn er ganz ehrlich ist, hat er schon vor dem Versuch gewusst, dass es wieder nicht klappen wird. Er trifft sich gern mit seinen anderen Zwergenfreunden. Es tut gut, dass sie ihn verstehen. Sie sitzen zusammen und spielen sich fast zärtlich Gründe zu, warum mehr nun mal nicht möglich ist.

Wenn du diese Runde von außen sehen könntest, und vielleicht hast du das schon einmal, würdest du dich fragen: Was ist mit diesen Riesen los? Warum stehen sie nicht einfach auf? Warum setzen sie ihre ungeheuren Kräfte nicht dafür ein, das großartige Leben ihrer geheimen Träume zu manifestieren?

Sie können sich nicht regen, weil sie in dem Traum eingeschlafen sind, hilflos zu sein.

Ihr Potenzial ruht ungenutzt am Boden ihrer Träume. Manchmal bis zum Ende ihres so kostbaren Lebens.

Unsere Gesellschaft ist stark leistungsorientiert. Wenn Kinder aus der Schule kommen, haben sie

verbal und nonverbal verstanden, dass sie nicht gut genug sind. Die rasante Entwicklungsdynamik von Technik und Informationsmedien, unsere hochkomplexen Arbeitsabläufe, die übermächtige Präsenz der globalen Krisen, all das verstärkt das Gefühl von Ohnmacht und Winzigkeit in uns.

Wann bist du das letzte Mal mit dem Gefühl ins Bett gegangen, dein Leben im Griff zu haben?

Wie wirkt es sich auf dein Wohlbefinden aus, wenn du immer und immer wieder die Erfahrung machst, nicht hinterherzukommen?

Ich schreibe das alles nicht, um dich zu deprimieren. Im Gegenteil. Ich möchte dich wachrütteln.

Ich möchte dir zurufen: »Wach auf! Du bist nicht hilflos. Du sitzt einer Illusion auf. Du bist ein Titan, eine Titanin der Schöpfung.«

Egal wie alt du bist, wie oft du bereits gefallen bist, du bist so viel mächtiger, als du glaubst.

Du kannst so viel mehr verändern, als du denkst.

Du hast ein Recht, mit deinen Träumen nach den Sternen zu greifen und dich dann auf den Weg zu machen, um sie auch wirklich zu erreichen.

Dieses Buch enthält eine ordentliche Portion des Gegengifts für erlernte Hilflosigkeit – Selbstwirksamkeit.

Selbstwirksamkeit ist die Erfahrung ...

... zu wissen, was du willst,
... fähig zu sein, dir selbst das Kommando zu geben, dich in Bewegung zu setzen,
... dein Ziel dann auch zu erreichen.

Alle Studien der Positiven Psychologie der letzten zwei Jahrzehnte schälen Selbstwirksamkeit als eine der zentralen Säulen für unser körperliches und seelisches Wohlbefinden heraus. Macht ja auch Sinn, oder?

Nicht zu wissen, was du willst, oder es nicht zu bekommen, ist auf Dauer verdammt frustrierend. Die gute Nachricht: Selbstwirksamkeit kannst du wie einen geistigen Muskel trainieren!

Die noch bessere Nachricht: Jeder bewusst erlebte Erfolg stärkt dich für das nächstgrößere Ziel. Die in einem Bereich deines Lebens neu gewonnene Selbstwirksamkeit steht dir auch in allen anderen Bereichen zur Verfügung. Im Klartext: Bewusst erfahrene Siege im Berufsleben stärken dich auch im Liebesleben und fördern deine Gesundheit. Errungenschaften auf der körperlichen Ebene wirken sich auch auf deine Arbeitsleistung aus und so weiter.

Vielleicht ist dir aufgefallen, dass ich bewusst betone. Der Witz ist nämlich, wir alle – auch du – liefern jeden Tag eine exorbitant hohe Erfolgs-

quote ab. Wenn du heute Abend ins Bett gehst, wirst du in all deinen Vorhaben zu 98 Prozent erfolgreich gewesen sein. Aufstehen, atmen, essen, zur Arbeit gehen, die Kinder versorgen ...

Das Problem? Das ist dir wahrscheinlich gerade selbst aufgefallen, während du den vorhergehenden Satz gelesen hast: Dein Verstand wertet all diese grandiosen Leistungen, für die Hunderte von stillen Entscheidungen und Milliarden von biochemischen Prozessen nötig sind, nicht als Erfolg, sondern als Selbstverständlichkeit.

Ich verrate dir jetzt ein Geheimnis: Die Menschen, die du für ihre Errungenschaften bewunderst, sind nicht besser oder genialer als du. Sie verwerten das Leben nur effektiver.

Sie treffen ihre Entscheidungen bewusster. Sie erkennen ihre Erfolge bewusster an. Sie korrigieren bewusster. Sie verwerten Chancen bewusster. Dieses Mehr an Bewusstheit stärkt kontinuierlich ihre Selbstwirksamkeit. Diese wiederum wirkt stimulierend auf das noch ruhende Potenzial dieser Riesen ein.

Selbstwirksamkeit aktiviert im Lauf der Zeit mehr und mehr Zylinder deines schöpferischen Motors und bringt sie auf die Straße! BÄM!

Diese ausführliche Vorrede war wichtig, um dir nun kurz und knackig erläutern zu können, worum es in diesem Buch geht. Dich erwartet ein

Selbstwirksamkeitstraining vom Feinsten. Es funktioniert nach einem einfachen Prinzip:

DU MUSST DIESE ANLEITUNG
UMSETZEN.
SCHRITT FÜR SCHRITT.

Um das Training zu starten, brauchst du einen Wunsch, einen Traum, eine Vision – etwas, das du wirklich willst. Zu Beginn reicht eine vage Idee. Wenn du bereit bist, mit dem Hoffen und Jammern aufzuhören und das Ding endlich real werden zu lassen, schnapp dir dieses Buch und SETZE ES SCHRITT FÜR SCHRITT um.

Damit wir uns richtig verstehen: Da steht nicht LIES ES SCHRITT FÜR SCHRITT, sondern

SETZE ES UM.

Denn jedes Kapitel enthält eine kristallklare Handlungsanweisung. Die setzt du an dem Tag, an dem du das Kapitel liest, um. Du kannst das. Das ist deine Chance, dir zu zeigen, was du draufhast.

ÜBERSPRINGE BITTE KEINEN SCHRITT!

Ich habe mir diese Schrittfolge nicht einfach mal so beim Nasepopeln im Garten ausgedacht. Sie

beruht auf über 20 Jahren Auseinandersetzung mit Erfolg und Potenzialforschung und der Arbeit mit mittlerweile über 20 000 Klienten.

JEDER EINZELNE SCHRITT MACHT AN SEINER STELLE SINN UND FÜHRT DICH NÄHER AN DEIN ZIEL.

Diese Anleitung ist deine Chance, endlich das, was dir wirklich-wirklich wichtig ist, real werden zu lassen.

Ich kenne dich wahrscheinlich nicht persönlich. Doch in einem bin ich mir absolut sicher: Du bist zu wesentlich mehr in der Lage, als du bisher geglaubt hast. Du bist fähig, dieses Selbstwirksamkeitstraining zu meistern. Wenn du das Gefühl hast, sehr stark mit erlernter Hilflosigkeit infiziert zu sein, beginne bescheiden. Nimm dir ein eher kleines Ziel vor. Durchlaufe den Kreislauf einmal mit einem kleinen Ziel. Bring deinen Sieg heim. Feiere ihn ordentlich und geh dann mit einem etwas größeren Vorhaben in die nächste Runde.

Such dir ein Ziel aus, auf das du richtig Bock hast. Die vernünftigen Pflichtveranstaltungen kannst du später easy nebenbei erledigen, wenn deine Selbstwirksamkeit hochgefahren ist.

BEARBEITE AUF JEDEN FALL AUCH DIE SCHRIFTLICHEN AUFGABEN.

Das Buch freut sich darauf, von dir benutzt, bemalt, zerfleddert und beschrieben zu werden. Es gibt einen großen Unterschied zwischen »etwas denken« und »etwas aufschreiben«. Und es ist dieser Unterschied, der letztendlich den Unterschied macht.

Du wirst auch Stationen vorfinden, die einfach »nur« Spaß machen und dich belohnen. Falls du bisher eher verkniffen und pflichtbewusst an deine Herausforderungen gegangen bist: Gewöhn dich bitte schnell an den Gedanken, dass Freude nicht nur sein darf, sondern auch ein essenzielles Element deines Erfolgs ist.

Wichtige Fragen – und Antworten

1. Und wenn ich auf die Idee komme, das Selbstwirksamkeitstraining abzubrechen? Tu es nicht. Mach weiter.

2. In welchem Lebensbereich ist das Training anwendbar? In jedem. Du kannst es auf körperliche, partnerschaftliche, sexuelle, finanzielle, spirituelle Wünsche anwenden.

3. Kann ich alle Wünsche auf einmal nehmen? NEIN!!! Immer nur einen. Keine Angst, du verpasst nichts. Wie bereits gesagt: Die Selbstwirksamkeit, die du an einer Stelle trainierst, steht dir ab da überall zur Verfügung. Durchläufst du den Kreislauf mehrere Male bewusst

und erfolgreich, automatisierst du die Fähigkeiten mehr und mehr, und sie stehen dir ganz natürlich für immer mehr Ziele gleichzeitig zur Verfügung.

4. Kommt das Ziel immer genau so zustande, wie ich es mir wünsche? NEIN!!! Ein bisschen Abenteuer darf sein. Manchmal wird es sich viel besser entwickeln. Manchmal etwas kleiner. Manchmal kommst du ganz woanders heraus. Erfolg bedeutet nicht, immer genau das zu erreichen, was du einforderst, sondern ein Ziel aufzustellen, alles dafür zu geben und gleichzeitig möglichst flexibel auf die Schachzüge des Lebens zu reagieren. Die erfolgreichsten Sportler, Künstler, Forscher und Unternehmer der Welt stehen nicht da, wo sie sind, weil sie weniger Fehler machen als du, sondern mehr als der Durchschnitt. Allerdings jammern sie weniger und korrigieren schneller. Lass dich überraschen!

5. Wann ist der beste Zeitpunkt, um zu starten? Wann immer du einen starken, positiven Wunsch zur Veränderung verspürst. Wenn das der Fall ist, leg heute noch los. Falls nicht, genieße den wunschlosen Zustand. Dieses Buch ist dennoch eine gute Investition. Es ist relativ klein, also lass es bitte nicht in einer dunklen Ecke deines Bücherregals verschwinden. Leg es dir gut sichtbar und griffbereit auf deinen

Schreibtisch. Wenn du es brauchst, wird es dich regelrecht anschreien.

Möge dein Selbstwirksamkeitsspiel beginnen!

Veit

SCHRITT 1: BEREITE DEN BODEN

Jeder neue Schöpfungskreislauf beginnt mit einem Impuls. Erfolgreiche Menschen befinden sich meist in einem Zustand des wachen und empfangenden Lauschens – bereit für den nächsten frischen Impuls. Ich meine damit jene »verrückten«, elektrisierenden Ideen, von denen du im Moment ihrer Ankunft weißt: »Wenn ich diesem Gedanken folge, wird nichts mehr so sein, wie es war. Er besitzt die Macht, mich in ein unbekanntes Land zu führen.«

So ein Impuls gleicht einer Sternschnuppe, die den Horizont deines Geistes für einen Moment so stark erhellt, dass du einen Blick in ein anderes Universum werfen kannst. Plötzlich siehst du dich glücklich verheiratet und mit drei Kindern lachend an einem Tisch sitzen. Du empfängst ein Bild, wie du ein großes Projekt verwirklichst, das die Welt schöner macht. Du fühlst, wie du auf der Terrasse deines Traumhauses stehst. Du siehst dich ein Buch schreiben ... Für einen kurzen Augenblick weißt du ohne jeden Zweifel, dass DAS tatsächlich möglich ist.

So ein Impuls ist ein Geschenk der Gnade. Aber ist dir klar, was die meisten Menschen damit machen? Nichts! Sie warten, bis er verpufft, bis sie ihn vergessen oder ihre alten Selbstzweifel ihn vergiftet haben.

Weißt du, was du ab jetzt tun wirst? Du schnappst dir, wenn dich die nächste Sternschnuppe küsst, dieses Buch und schreibst den Impuls SOFORT auf. Frisch und unzensiert. Raus damit aufs Papier. Denk jetzt noch nicht darüber nach, ob und was du damit machen wirst. Dazu kommen wir später. Zuerst lerne, den Impulsen aus anderen Dimensionen mit Respekt zu begegnen. Öffne dich für sie, bereite ihnen in dir einen fruchtbaren Boden. Schreib sie alle auf!

Deine Schöpfungsimpulse

Schau doch mal nach, wozu dich das Leben so alles inspirieren will.

Übung

Notiere auf den folgenden Seiten alle inspirierenden Wünsche und Träume, die dir das Leben in den
wachen Momenten schickt.

_____

_____

_____

_____

_____

_____

_____

_____

_____

_____

_____

_____

_____

_____

_____

ERFOLGSBOOSTER

_____

_____

_____

_____

_____

_____

_____

_____

_____

_____

_____

_____

_____

_____

_____

_____

_____

_____

_____

_____

_____

_____

_____

_____

_____

_____

_____

_____

_____

_____

_____

_____

_____

_____

_____

_____

_____

_____

_____

_____

_____

_____

_____

ERFOLGSBOOSTER

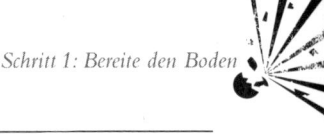

_____

_____

_____

_____

_____

_____

_____

_____

_____

_____

_____

_____

_____

_____

_____

_____

_____

_____

_____

_____

_____

SCHRITT 2: WEITE DEN RAUM

Was machst du nun mit diesen kostbaren Funken?
Gib ihnen Raum. Zuerst in deinem Geist.
Lies sie dir in ruhigen Minuten (zum Beispiel vor
dem Einschlafen) immer wieder mal entspannt
durch. Du musst noch nichts Konkretes mit ihnen
anstellen. Manche sind ganz nett, doch ihre
Strahlkraft verblasst mit der Zeit.
Zu welchem Impuls kehrt deine Aufmerksamkeit
immer wieder zurück?
Welcher berührt dich im Herzen, ruft nach mehr
Raum in deinem Geist?
Unterstreiche ihn oder kringel ihn ein. Nähre ihn
in deinen Tagträumen: »Was wäre, wenn ...« Denk
kurz vorm Einschlafen noch einmal an ihn.

Denk dran ...

In dieser Phase geht es noch nicht um konkrete
Verwirklichungspläne oder aber Gegenargumente.
Wenn sich dein innerer Zweifler zu Wort meldet,
begrüße ihn freundlich mit »Danke für deinen
Kommentar«, und weise ihn klar in seine Schran-
ken: »Komm später wieder. Heute möchte ich einfach nur träumen.«

✦ ERFOLGSWERK TIPP

Geh auf www.erfolgswerk.tips in den Leserbereich dieses Buchs. Dort findest du die geführte Meditation »Der Berg deiner Seele«, die dich in deinen freien, schöpferischen Raum führt, wo du neue, kühne Ideen und Visionen empfangen kannst.

SCHRITT 3: LASS DICH VON EINEM IMPULS AUSWÄHLEN

Wenn du dich wieder und wieder auf die beschriebene sanfte Weise mit den von dir gesammelten Schöpfungsimpulsen beschäftigst, wirst du merken, wie dich einige von ihnen deutlicher ansprechen. Sie drängen sich regelrecht in dein Bewusstsein. Andere wollen noch eine Weile in deiner Traumkammer ruhen. Wieder andere verabschieden sich komplett. Wenn du für den nächsten bewussten Schöpfungszyklus bereit bist, frage dich: »Welcher Impuls spricht am stärksten zu mir und löst die größte Vorfreude in mir aus?«
Mit ihm gehst du in die nächste Runde.
Für die vielseitig kreativen »Ich will aber alles haben«-Typen unter euch: Keine Angst, du verpasst die anderen Impulse nicht. Je öfter du diesen Kreislauf bewusst durchläufst, desto schneller gelingen dir Manifestationen und desto mehr Impulse kannst du parallel verfolgen. Zu Beginn empfehle ich dir dringend, dich auf eine Sache zu konzentrieren.

Deine Wahl

Formuliere auf dieser Seite noch einmal konkret, welchen Wunsch du erfolgreich realisieren möchtest. Es ist bedeutsam, dass du dies schriftlich tust.

Ich wähle ...

_____

_____

_____

_____

_____

_____

_____

_____

_____

_____

_____

_____

_____

_____

_____

_____

_____

SCHRITT 4:
KONKRETISIERE DEN IMPULS

Ein Schöpfungsimpuls kommt meist als Idee oder als noch relativ flüchtiges Bild zu uns. Nimm dir Zeit und male die Vision hier in diesem Buch ausführlicher aus.

Übung

Stell dir vor, dein Wunsch sei bereits in Erfüllung gegangen. Was wirst du dann alles erleben? Wie wirst du dich fühlen? Was genau wirst du tun? Was wirst du haben? Schreib alle Details auf, die dir einfallen. Verwende Worte, die diese mögliche Zukunft für dich bereits jetzt sinnlich erfahrbar machen. Auch hier gilt: Träume groß. Deinen Zweifeln widmen wir uns später.

Es ist von Bedeutung, dass du auch dies schriftlich tust!

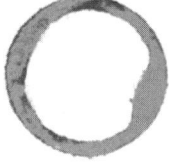

Wenn mein Wunsch sich erfüllt hat, dann werde ich ...

... erleben:

_____

_____

... fühlen:

_____

_____

... tun:

_____

_____

... haben:

_____

_____

SCHRITT 5: PROS UND KONTRAS

Bevor du nun deine Schöpfungskräfte voll akti-
vierst, halte inne. Jetzt ist der Zeitpunkt gekommen, an dem du nüchtern auf deinen Plan schau-
en solltest. Denn wir müssen herausfinden, ob du
das, was du aufgeschrieben hast, wirklich-wirklich willst. Nimm dir Zeit und liste alle Vor- und
Nachteile deines Wunschs auf, die dir im Augenblick einfallen.[1]

Pros

Hier schaust du mit deinem optimistischen Auge
auf das Projekt. Welche Punkte sprechen dafür,
dass du den Wunsch unbedingt verwirklichen
musst? Was wird dir bereits der Weg dahin schenken? Was wird dir das Ziel an Vorteilen schenken?
Welche wertvollen Erkenntnisse, Erfahrungen,
Begegnungen, Besitztümer ... erwarten dich?

---

1   Wir beide wissen ja, dass das Leben immer noch weitere
    Überraschungen bereithält. ;-)

BEISPIELE

Wenn du erfolgreich ein Buch schreibst, erreichst du mit dem, was du sagen willst, viel mehr Menschen als bisher und gewinnst neue Kunden für dein Unternehmen. Wenn du wesentlich mehr verdienst als bisher, rückt der Wunsch, ein Ferienhaus zu besitzen, in greifbare Nähe. Wenn du deinen Traumpartner findest, wird es endlich jemanden geben, mit dem du über das sprechen kannst, was dich im Innersten bewegt.

Meine Pros

_____

_____

_____

_____

_____

_____

_____

_____

_____

_____

_____

Kontras

Hier schaust du einmal konzentriert mit deinem skeptischen Auge auf das Projekt. Was wird der Weg zur Zielerfüllung eventuell von dir fordern? An Zeit, Lernfähigkeit, Disziplin? Was für unangenehme Begleiterscheinungen könnten mit deinem Erfolg verbunden sein?

BEISPIELE

Wenn du erfolgreich ein Buch schreibst, könnte es auch negative Kritiken geben. Wenn du wesentlich mehr Geld verdienst, musst du mehr Steuern zahlen. Wenn du deinen Traumpartner findest, wirst du hin und wieder auch Beziehungskonflikte meistern dürfen.

Meine Kontras

_____

_____

_____

_____

_____

_____

_____

_____

SCHRITT 6: DAS ENTSCHLOSSEN-HEITSBAROMETER

Warum jetzt schon an Pros UND Kontras denken? Weil ein Erfolgsprofi wie du im Vorfeld prüft, ob sein Wunsch nur eine nette Idee ist – dann dürfte er beim Auflisten der Kontras viel von seiner Faszination eingebüßt haben – oder ob er reif für seine Manifestation ist. In diesem Fall siehst du auch den möglichen Herausforderungen offen und furchtlos entgegen. Damit du keine wertvolle Lebenszeit für unnütze Träume verschwendest, ist es entscheidend, dass du an dieser Stelle deines Erfolgswegs schonungslos ehrlich mit dir selbst verfährst:

Denk dran ...

Unternimm keine weiteren Schritte, bevor deine Entschlossenheit nicht mindestens auf Stufe 5 oder 6 hochgekocht ist. Du wirst dich und deine Freunde mit deinem Wankelmut nur Zeit und Energie kosten. Dieses Buch wird dich mit seiner Konkretheit zunehmend nerven. Entschlossenheit unter 5? Das ist keine Schande. Leg den Traum beiseite. Denk ab und zu an ihn, bis er verblasst oder du eines Morgens aufstehst und weißt: Jetzt ist es so weit!

Wie stark entschlossen bist du,
diesen Impuls in Realität zu verwandeln?

Bitte mach auf der Skala ein fettes Kreuz!

2. Wäre schön, wenn es passiert. Aber anstrengen will ich mich dafür nicht.

1. Ich will einfach nur träumen.

3. Ich geh los, weiß aber jetzt schon, dass ich einknicke, wenn es schwierig wird.

34

4. Ich bin schon ganz schön motiviert.

6. Ich bin zu 100 Prozent entschlossen. Ich werde alles tun und lassen, was es braucht, um dieses Ziel zu erreichen.

5. Ich will es wirklich sehr und bin bereit, viel dafür zu geben.

SCHRITT 7: ALLEIN ODER IM TEAM?

Du willst es also wirklich wissen? Hervorragend! Dann lass uns dafür sorgen, dass du den Weg auch tatsächlich bis zum Ende gehst. Dafür kläre die folgende bedeutende Frage für dich:

Willst du den Weg allein oder mit einem Buddy gehen?

Viele Statistiken zeigen, dass die Wahrscheinlichkeit unseres Erfolgs signifikant steigt, wenn wir uns zusammen auf den Weg machen. Bitte überleg dir, ob und mit wem du die nächsten Schritte gemeinsam gehen könntest. Frag doch mal deine besten Freunde, wer auch Bock hat, mehr aus seinem Leben zu machen. Gib ihnen das Buch. Erkläre ihnen das Prinzip. Ermutige sie, einen Traum auszuwählen und sich zusammen mit dir auf den Weg zu machen.
Wonach ist dir zumute?

☐ Ich will das Ding allein durchziehen.
☐ Ich habe Lust auf einen Buddy.

Falls du dich entschieden hast, deinen Wunsch gemeinsam mit einem Buddy anzugehen, notiere dir jetzt:

Folgende Menschen werde ich fragen:

Name: _____

Kontaktiert am: _____

Name: _____

Kontaktiert am: _____

Name: _____

Kontaktiert am: _____

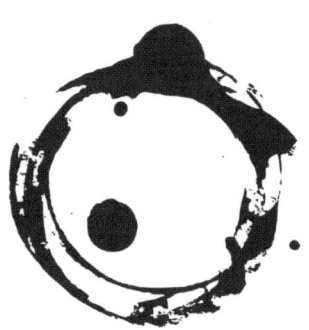

✺ ERFOLGSWERK TIPP

Kennst du schon die Life-Coaching-Community **hu-mantrust**? Hier lernen und entwickeln sich täglich tausende Menschen voller Freude weiter. Viele von ihnen verfolgen klare Ziele. Über ein persönliches Profil findest du sehr schnell Partner und Partnerinnen für private und berufliche Anliegen. Siehe www.humantrust.com.

SCHRITT 8: ZEIT ZUM FEIERN

Du denkst vielleicht: »Wie, jetzt schon feiern? Ich bin doch noch nicht einmal losgegangen.« Großer Irrtum! Natürlich hat deine Reise schon begonnen. Ich kann dir aus meiner Coaching-Praxis versichern, dass nicht einmal zehn Prozent aller Menschen sich so ernsthaft mit ihren Träumen und ihrer Entschlossenheit auseinandersetzen, wie du es bis hierher bereits getan hast. Wenn du mir nicht glaubst, hör dich doch einmal um. Die meisten bleiben im Hoffen und Jammern stecken. Wenn du heute feierst, hat dies einige positive Nebeneffekte. Du verpflichtest dich dadurch auf sehr angenehme Weise, dein Ziel wirklich zu erreichen. Außerdem mag dein Gehirn alle Wege, die Begeisterung auslösen. Dann schüttet es nämlich Dopamin aus. Das regt die Vernetzung an und somit deine Kreativität. Dein Ziel wird positiv in deinem Unterbewusstsein verankert. Nach dem Motto »Wenn das jetzt schon so viel Spaß macht ...«.

Und mal ehrlich, das Leben ist viel zu kostbar, um es nicht jeden Tag zu feiern. Also los! Mit wem kannst du dich heute noch zum Feiern verabreden? Gönnt euch ein leckeres Essen, einen großen Eisbecher oder geht zusammen tanzen. Und erzähl deinem Gast von deinem Traum.

Ich lade heute _____

zu _____ **ein.**

SCHRITT 9: FIXIERE DEIN ZIEL

Bevor wir weitermachen, möchte ich von dir noch wissen: Hast du dir Zeit zum Feiern genommen?

☐ Ja.
☐ Noch nicht, aber der Termin steht schon fest.
☐ Nein.

Falls du NEIN angekreuzt hast, lies diesen Abschnitt bitte sehr aufmerksam: Jede der hier aufgeführten Stationen folgt einem tieferen Sinn. Dahinter stehen über 20 Jahre intensive Glücks- und Erfolgsforschung. Tu dir den Gefallen und lass keinen Schritt aus.

Bereit für das nächste Erfolgslevel? Dann ist es nun Zeit, aus deinem Traum ein exaktes Ziel herauszukristallisieren.

Dieses muss folgende Kriterien erfüllen:

- Es ist positiv formuliert. Keine verneinenden Sätze.
- Es ist in der Gegenwart formuliert. So, als ob du es bereits erreicht hättest.

- Es ist spezifisch und messbar. Du könntest jederzeit, ohne zu zögern, mit JA oder NEIN auf die Frage antworten: »Habe ich das Ziel erreicht?«
- Verwende Adjektive, die das Ziel für dich sinnlich erfahrbar machen.
- Verwende chronologische Angaben, um dich noch mehr festzulegen. Entweder ein Datum der Erfüllung, wenn es um ein Ziel geht, das du einmalig erreichen willst (»Am 1. Mai 2018 habe ich ...«), oder Zeitangaben, wenn es sich um ein Ziel handelt, das du regelmäßig erfüllen willst (»Ich widme mich täglich eine Stunde der Kultur der Selbstliebe.«).
- Halte deinen Zielsatz kurz und knackig.
- Freude, Freude, Freude. Feile so lange an der Formulierung, bis du Stimmigkeit und Freude empfindest, wenn du den Satz laut vorliest.

⁂ ERFOLGSWERK TIPP

Hast du dir bereits das Ziel-Video auf www.erfolgs werk.tips angeschaut? Dort erfährst du noch einmal detailliert, warum klare Ziele so wichtig für dich sind und wie sie wirken.

Dein Zielsatz

Beginne ungefähr so:

»Ich, _____, bin so
glücklich und stolz, weil ich _____
_____
_____ «

Trage deinen Namen und die Zielformulierung
ein.

Wer könnte dir bei der Formulierung helfen?
Wer von deinen Freunden denkt groß und klar?

SCHRITT 10:
DREI ZIELBILDER AUSMALEN

Noch einmal möchte ich dich, bevor du einen Schritt weitergehst, bitten, kurz innezuhalten und zu rekapitulieren: Hast du den vorherigen Schritt wirklich KOMPLETT getan, also dein Ziel auf gute Weise formuliert?

☐ Ja. Auf der vorherigen Seite befindet sich mein konkretes Ziel – und es ist so formuliert, dass ich Freude empfinde, wenn ich es lese.

☐ Nein. Ich habe noch keine perfekte Zielformulierung. Ich gehe nicht weiter im Plan, bis ich sie gefunden habe.

Du bist der Wahnsinn! Glaub mir, es ist wirklich eine Meisterleistung, aus einem Traum ein konkretes Ziel herauszukristallisieren. Herzlichen Glückwunsch!!!
Nun brauchen wir für die Aktivierung deiner unbewussten Schöpferkräfte noch drei Zielbilder. Das macht Spaß!

Gönne dir eine ruhige Minute, einen gemütlichen Sessel und dein Lieblingsgetränk. Lehn dich zurück und reise in deiner Vorstellung in deine Zukunft zu dem Zeitpunkt, an dem dein Traum bereits Wirklichkeit geworden ist. Male dir nun drei angenehme Situationen aus, die du dann so oder ähnlich erleben wirst.

BEISPIEL

Wenn du ein Beziehungsziel aufgestellt hast, stellst du dir vor, wie du mit deiner oder deinem Liebsten im Bett kuschelst. Wie ihr euren ersten Jahrestag feiert. Wie du mit ihr oder ihm … na, du weißt schon. ;-)

Beschreibe diese drei Zielbilder kurz und mit emotionalen Worten auf der folgenden Seite.

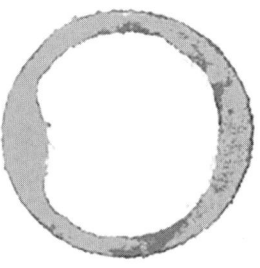

Mein Zielbild 1

_____

_____

_____

_____

_____

Mein Zielbild 2

_____

_____

_____

_____

_____

Mein Zielbild 3

_____

_____

_____

_____

_____

SCHRITT 11:
DEINE INNERE KRAFT MOBILISIEREN

Bevor wir zum elften Schritt kommen: Wie steht's mit deinen Zielbildern? Konntest du sie vor dir sehen? Hast du sie in Worte gebracht?

☐ Ja. Ich habe drei Zielbilder formuliert. Sie fühlen sich gut an.
☐ Nein. Ich habe meine Zielbilder noch nicht gefunden bzw. aufgeschrieben. Ich bin so clever, erst weiterzugehen, wenn ich diesen Schritt umgesetzt habe.

Weißt du, warum so vielen Menschen auf dem Weg zu ihrem Ziel die Puste ausgeht? Nicht etwa, weil sie nicht die nötige Power hätten. Die meisten wissen gar nicht, auf was für einem Berg von Kraft sie sitzen und wie stark ihr Durchhaltevermögen ist. Nein, der Grund ist viel banaler.

Wenn wir auf unserem Weg vergessen, worum es uns wirklich geht, können wir unsere wahre Power nicht mobilisieren. Denn die schlummert im Unterbewusstsein, und das will von uns wissen: »WARUM??? Wieso soll ich die volle Kraft hochfahren? Was ist an diesem Ziel so wichtig?«

Um dein Ziel zu erreichen, brauchst du deshalb gute Gründe. Dir muss **immer** bewusst sein, warum dein Erfolg so bedeutsam für dich ist. Daraus resultiert auch: Du musst wissen, welche negativen Konsequenzen es hat, wenn du dein Ziel nicht erreichst.

Nimm dir jetzt Zeit, mindestens zehn gute Gründe aufzuschreiben, weshalb du dieses Ziel unbedingt erreichen musst. Notiere fünf negative Konsequenzen bei Nichterreichen deines Ziels und fünf positive Folgen, an denen du dich freuen kannst, wenn du es schaffst.
Gute Gründe sind Argumente, die dir nicht nur logisch einleuchten, sondern die dich auch emotional berühren und bewegen.

Warum musst du dieses Ziel unbedingt erreichen?

Meine guten Gründe

Ich muss dieses Ziel unbedingt erreichen, weil ich, wenn ich es nicht schaffe ... (hier kommen die negativen Konsequenzen hin):

1. _____

2. _____

3. _____

4. _____

5. _____

Ich muss dieses Ziel unbedingt erreichen, weil ich, wenn ich es schaffe ... (hier listest du die positiven Konsequenzen auf):

6. _____

7. _____

8. _____

9. _____

10. _____

Lies dir deine guten Gründe aufmerksam durch. Streiche die drei wichtigsten **dick** an.

SCHRITT 12:
NAGLE DEIN VORHABEN FEST

Wie ist es dir bei der Suche nach deinen guten Gründen ergangen? Lagen sie klar auf der Hand?

☐ Ja. Ich könnte jetzt sofort drei gute Gründe aufzählen, warum ich dieses Ziel unbedingt erreichen muss.

☐ Nein. Ich zögere noch. Ich werde – weil ich verstanden habe, wie wichtig gute Gründe sind – erst fortfahren, wenn ich sie kenne.

Ein klares Ziel, drei Zielbilder, gute Gründe, wow! Du näherst dich der Liga der Profis. Weißt du, was die machen, um sicherzustellen, dass sie ihre wichtigen Ziele erreichen? Sie nageln sich fest. Klingt vielleicht etwas martialisch, doch mal ehrlich – wir beide ahnen doch, welche Herausforderungen und Ablenkungen uns auf dem Weg zu einem völlig neuen Level von Erfolg erwarten könnten, oder? Festnageln bedeutet sicherzustellen, dass du nicht mehr zurück kannst und von hier aus jeden einzelnen weiteren Erfolgsschritt durchführen wirst. Wie machst du das?

Festnageln – Schritt 1

Leg Konsequenzen fest. Du brauchst eine überaus positive Konsequenz, mit der du dich belohnst, wenn du jeden weiteren Erfolgsschritt in diesem Buch durchführst. Was könnte das sein? Genauso brauchst du für den (sehr, sehr unwahrscheinlichen) Fall, dass du zwischendurch abbrichst, eine negative (= überaus unangenehme) Konsequenz. Schreib beide Konsequenzen auf.

Belohnung. Wenn ich jeden Schritt in diesem Buch bis zum _____ (Datum) genau so, wie beschrieben, durchgeführt habe, werde ich mich folgendermaßen belohnen:

_____

_____

_____

Bestrafung. Wenn ich die weiteren Schritte in diesem Buch bis zum _____ (Datum) NICHT genau so, wie beschrieben, durchgeführt habe, werde ich Folgendes tun:

_____

_____

_____

※ ERFOLGSWERK TIPP

Vielleicht stören dich die altmodischen Begriffe Belohnung und Bestrafung. Doch schau genau hin. So funktioniert Leben nun mal. Wenn wir etwas tun, das uns stärkt, belohnt es uns. Bauen wir Mist, bestraft es uns. Erfolgsmeister warten nicht darauf. Sie nutzen diesen Hebel bewusst und selbstverantwortlich.

Vorschläge für effektive Belohnungen und Bestrafungen findest du in deinem persönlichen Bereich auf www.erfolgswerk.tips.

Bescheiß dich nicht selbst. Schonung ist hier nicht angebracht. Wähle Konsequenzen, die eine deutliche Wirkung haben. Besonders die negative Konsequenz sollte dir allein in deiner Vorstellung so wehtun, dass du sie unter allen Umständen vermeiden wirst.

Festnageln – Schritt 2

Jetzt wird es heiß. Denn wir beide wissen: Noch könntest du ja deine Konsequenzen elegant vergessen. Deshalb brauchst du Zeugen. Wähle drei Menschen als Zeugen für dein Vorhaben aus. Ich empfehle dir, mindestens eine Person zu nehmen, mit der du in einer herausfordernden Beziehung stehst. Vielleicht deine Schwiegermutter, deinen Chef? Es sollte jemand sein, für den es wahrscheinlich ein kleiner Triumph wäre, wenn du versagst. Informiere diese Zeugen über dein Vorhaben und die Konsequenzen. Bitte sie, dich mindestens zweimal im Monat nach deinem Fortschritt zu fragen.

Meine drei Zeugen

Name 1: _____

Wann informiert: _____

Name 2: _____

Wann informiert: _____

Name 3: _____

Wann informiert: _____

Festnageln – Schritt 3

Nein, das reicht immer noch nicht. Deine drei persönlichen Zeugen könnten dein Anliegen vergessen. Wir nicht! Geh auf www.erfolgswerk.tips und nutze das Zeugenformular, um dich uns gegenüber zu verpflichten. Keine Angst. Alles, was du mit uns teilst, unterliegt dem Datenschutz. Doch so gibst du uns die Möglichkeit, dir ab jetzt an entscheidenden Weggabelungen deines Erfolgs noch besser zur Seite zu stehen.

SCHRITT 13: ZEIT ZUM FEIERN

Wenn du bis hierher vorgedrungen bist, ist es höchste Zeit, wieder zu feiern. Wer ist schon so mutig, sich vor Zeugen festzulegen? Verzeih mir den frechen Spruch: Alle Achtung, dafür braucht es Eier![2]

Übrigens ist es sehr intelligent, gleich noch zu lernen, dich auf deinem Erfolgsweg immer wieder selbst anzuerkennen. Das stärkt die Erfahrung der Selbstwirksamkeit. Wenn du jeden einzelnen Schritt bewusst feierst, registriert dein Unterbewusstsein, dass du tatsächlich schaffst, was du dir vornimmst, und unterstützt deinen nächsten Schritt noch intensiver.

Wenn du Schritt 12 durchgeführt hast, müsste unsere offizielle Urkunde für die Bestätigung deiner Entschlossenheit bereits bei dir sein. Druck sie dir aus und hänge sie auf!

Wir haben dir auch eine Liste mit Filmtipps zugesendet, die dir Mut für den nächsten Schritt machen. Besorge dir einen dieser Filme und gönne dir einen gemütlichen Heimkino-Abend. Am besten in Kombination mit deinem Lieblingseis. Darf Erfolg so viel Spaß machen? Das muss er!

---

2 Der Spruch ist nicht sexistisch oder diskriminierend. Frauen haben auch Eier in der Hose. ;-) Viel mehr als wir Männer.

SCHRITT 14:
DEINE ERFOLGSROUTINE FESTLEGEN

Vielleicht fragst du dich schon ganz unruhig, wann es denn nun endlich richtig losgeht. Unterschätze niemals eine respektvolle Vorbereitung im Geist. Hier wird das Fundament für alle konkreten Schritte gelegt. Aber nun starten wir auch im Außen richtig durch! Allerdings nicht hektisch im Spurt, sondern ruhig, konzentriert, Schritt für Schritt. Damit du dich nicht in diesen Zwischenschritten verausgabst und auf jeden Fall am Ziel ankommst, brauchst du eine clevere tägliche Erfolgsroutine.

Sie muss folgende Kriterien erfüllen:

• Sie ist unter allen Alltagsumständen durchführbar.
• Sie aktiviert die Kräfte deines Unterbewusstseins.
• Sie gibt dir Raum, deiner Intuition zu lauschen.
• Sie bringt dich voran!

Die sieben essenziellen Elemente einer starken Erfolgsroutine:

1. **Visualisierung:** Lies dir täglich kurz dein Ziel vor (am besten laut), schließe deine Augen und tauche in eines deiner drei Zielbilder ein. Versuche die Situation so zu erfahren, als sei dein Ziel bereits Wirklichkeit.
2. **Handlung:** Mindestens drei Taten. Tja, so ganz wirst du ums Tun nicht herumkommen. ;-)
3. **Kommunikation:** Sprich mit mindestens einer Person über dein Ziel.
4. **Anerkennung:** Erkenne deine Fortschritte an.
5. **Korrektur:** Werte deine Erkenntnisse aus.
6. **Dankbarkeit:** Nimm dir Zeit, bewusst zu feiern, was bereits da ist.
7. **Nichtstun:** Tu immer mal wieder ... nichts. Entspanne dich. Fühle dich. Lausche deinen Eingebungen.

Wir werden alle sieben Elemente noch ausführlich besprechen. Jetzt ist es wichtig, dass du dich ehrlich fragst, wie viel Zeit du täglich in deine Erfolgsroutine investieren willst und kannst. Bitte beachte:

Je mehr Zeit pro Tag du einbringst, desto schneller kommst du ans Ziel.

Kontinuum ist wichtiger als Dauer. Praktiziere lieber etwas kürzer, dafür aber täglich.

Die erfahrungsgemäß optimalen Zeitpunkte für eine gute Erfolgsroutine sind …

… die ersten Minuten deines Tages. Dein Unterbewusstsein ist noch sehr offen – quasi unbefleckt von den Herausforderungen deines Tages.

… einige wenige Minuten gegen Mittag, um innezuhalten und dich neu auszurichten.

… die letzten Minuten deines Abends, um deine Erkenntnisse festzuhalten, Dankbarkeit zu fühlen und deine Ziele mit in deine Traumwelt gleiten zu lassen.

Leg jetzt dein Zeit-Investment fest

Mein Ziel ist mir auf einer Skala von 1 (gar nicht) bis 10 (extrem) so wichtig:

1   2   3   4   5   6   7   8   9   10

Ich bin bereit, pro Tag _____ Minuten in dieses Ziel zu investieren.

Ich verteile diese Zeit folgendermaßen über den Tag:

Morgens: _____ Minuten

Mittags: _____ Minuten

Abends: _____ Minuten

SCHRITT 15:
DIE ZEITFENSTER IN DEINE ZUKUNFT

Du bist nun bereit für den nächsten Schritt, denn du hast dich auf ein bestimmtes Zeit-Investment verpflichtet – oder?

☐ Ja, ich habe mein Zeit-Investment festgelegt und freue mich nun, es mit Freude für meine Zukunft auszugeben.

☐ Nein, aus irgendeinem Grund zögere ich noch. Mir ist klar, dass ich erst weiter fortfahren kann, wenn ich Schritt 14 erfolgreich gemeistert habe.

Eventuell ist dir noch nicht bewusst, wie schlau Schritt 14 war. Die effektivste Art, deine Zukunft positiv zu beeinflussen, besteht nämlich darin, ihr heute bereits Zeit und Raum zu gewähren!

Damit aus deinem Vorhaben tatsächlich eine automatisierte Routine wird, ist es wichtig, es in den kommenden Wochen konstant umzusetzen. Bitte schnapp dir deinen Kalender (digital oder auf Papier) und trage deine Erfolgsroutine-Zeiten für die kommenden 14 Tage fest ein. Glaub mir, das macht einen Unterschied!

SCHRITT 16:
IN DIE ZUKUNFT REISEN

Dein Kalender ist präpariert; die Zeiten für deine Erfolgsroutine sind eingetragen?

☐ Ja, ich habe die Zeitfenster für die Investition in meine Zukunft für die kommenden 14 Tage eingetragen.

☐ Noch nicht. Ich mache es jetzt, bevor ich weiterlese.

Nun steht deine Erfolgsroutine. Es gilt, sie weise zu nutzen! Beginnen wir mit dem Visualisieren (= Ideen bildhaft machen). Tauche mindestens dreimal am Tag in eines deiner Zielbilder ein. Je öfter du dies tust, desto leichter und schneller gelingt es dir. Bald brauchst du dafür nur noch ein bis zwei Minuten.

Dieses Visualisieren programmiert dein Unterbewusstsein auf die neuen Wunschkoordinaten. Hat es sie einmal so richtig »geschluckt«, bewegst du dich wie von selbst auf dein Ziel zu. Klingt cool? Ist cool!

Wenn du das noch nie gemacht hast, findest du auf der Website eine kurze Erklärung und Anleitung zum Visualisieren.

SCHRITT 17: UND ... ACTION!

Hast du verstanden, worum es beim Visualisieren geht, und dich mit der Technik vertraut gemacht?

☐ Ja. Ich habe die Grundidee des Visualisierens verstanden und wende sie ab jetzt täglich an.

☐ Nein. Ich habe die Grundidee des Visualisierens noch nicht verstanden und wende sie noch nicht täglich an. Mir ist klar, dass ich den nächsten Schritt erst tun werde, wenn ich diesen gemeistert habe.[3]

Wenn das Visualisieren zum Teil deiner täglichen Routine geworden ist, wird es Zeit, dass du dich in Bewegung setzt. Das Prinzip dieser Lektion ist schon wieder fast erschreckend einfach:

✔ Besorge dir einen Stapel Karteikarten.

✔ Schreib am Morgen auf die eine Seite dein Ziel. Visualisiere es für eine Minute.

✔ Schreib auf die andere Seite drei Handlungen, die du heute für dein Ziel umsetzen wirst.

✔ Führe diese Handlungen während des Tages aus. Nimm dir dabei die unangenehmen zuerst

---

3   Ich glaube, dies ist ein guter Zeitpunkt, dich liebevoll an die Konsequenzen zu erinnern. ;-)

vor. Es sei denn, zeitlich ist eine andere Rei-
henfolge sinnvoller.

✓ Hake die erledigten Handlungen vor dem
Schlafengehen ab.

✓ Wenn du eine der Handlungen nicht erledigt
hast, überleg dir, warum nicht. Schreib sie am
nächsten Morgen an erster Stelle auf die neue
Karte.

✓ Wie lange machst du das? Bis du am Ziel angekommen bist. Yepp!

Diese Handlungen können große oder kleine
Aktionen sein. Von Belang ist nur, dass sie in ir-
gendeiner Weise dein Ziel unterstützen. Sie dürfen auch Spaß machen. Doch achte darauf, dass
du nicht vor den echten Herausforderungen
kneifst.

Denk dran ...

Diese Lektion gleicht einer Erfolgsschallmauer.
Wenn du diese sanft durchbrichst, bist du im Raum
der wahren Erfolgsmeister angekommen. Nimm sie
deshalb bitte sehr ernst. Es ist eine gute Idee, deine Zeugen über diese bedeutsame Etappe zu infor-
mieren.

Im Leserbereich findest du sowohl einen Tipp für speziell vorgefertigte Karteikarten als auch für den besonderen Erfolgs-Timeplaner »Mein Manifest«, den du für deine drei Taten nutzen kannst.

SCHRITT 18: GEGENCHECK

Wie kommst du so zurecht mit dem Prinzip, täglich drei Dinge zu tun, die dich deinem Ziel näherbringen?

☐ Ja, ich habe gestern meine drei Handlungen
durchgeführt.
Dann bitte alles aus der Hand legen, dir selbst
auf die Schulter klopfen und stolz sein. Du
hast es geschafft! Herzlich willkommen auf
der anderen Seite! Jetzt bitte auf diesem Level
weitermachen.

☐ Nein, ich habe meine drei Handlungen gestern nicht durchgeführt.
Dann auch alles aus der Hand legen, tief
durchatmen und dir in die Wange zwicken, damit du das Nächste aufmerksam lesen kannst.
Da dies ein Minibuch ist, verzichten wir hier
auf tiefenpsychologische Erklärungen, warum
du wohl Schwierigkeiten mit drei kleinen
Handlungen für dein Glück haben könntest.
Wir konzentrieren uns auf das Wesentliche:

OHNE

HAND-
LUNGEN

WIRD

... NICHTS.

Verführ dich. Zwing dich. Lock dich mit Schokolade. Petze es deinen Zeugen. Was auch immer hilft, damit du deinen A... für dich in Bewegung setzt. Wenn du dich nicht für deine Träume in Bewegung setzt, wird dir das Universum nicht entgegenkommen!

 **ERFOLGS**WERK **TIPP**

Das Erfolgswerk hat für dich auf der Website ein kleines Motivationsvideo vorbereitet. Schau es dir an und dann ... handle!

SCHRITT 19: MACH ES VIRAL

Wie steht es inzwischen? Bist du gestern konkret
in die Puschen gekommen, was dein Ziel angeht?

☐ Ja, ich habe gestern meine drei Handlungen
durchgeführt.
Dann feiere dich. Erkenne dich an!

☐ Nein, ich habe gestern meine drei Handlungen nicht durchgeführt.
Oh, oh! Sollte ich mich so in dir getäuscht
haben? Dann kehre zu Lektion 18 zurück
und harre dort aus, bis dich dein eigenes Zögern so nervt, dass du losgehen musst! Du
kannst aber auch warten, bis dein Leben vorbei ist.

Heute stelle ich dir einen der stärksten Hebel für
deinen Erfolg vor: Mach dein Vorhaben öffentlich. Mach es viral. Du bist nicht allein. Du warst
es nie. Speise die Information über dein Ziel und
deine diesbezüglichen Heldentaten in deine sozi-
alen Netzwerke ein. Erzähl deinen besten Freunden von deinem Plan. Bitte um Rat. Lade zum
Mitmachen ein. Lobe dich öffentlich für deine
Fortschritte. Das Beste, was dir passieren kann, ist
die virale Verbreitung deines Wunschs. Die Men-

schen fangen an mitzudenken, mitzufiebern, für dich nach Lösungen zu suchen, bei dir nachzufragen ...

Kommunikation ist Schöpfung. Es ist also völliger Blödsinn, ständig über das Alte zu reden. Denn damit erschaffst du es immer wieder neu.

Deshalb gilt ab heute: Sprich täglich mindestens einmal positiv über dein Ziel. Du wirst staunen, was passiert.[4]

---

4   Kleine Vorwarnung: Das ist auch der schnellste Weg, die faulen Eier in deiner Umgebung zu lokalisieren und loszuwerden.

SCHRITT 20:
NICHTSTUN TUT VIEL

Ich bin ja geduldig. Darum frage ich dich jetzt nochmals, wie es inzwischen mit den drei konkreten Handlungen steht, die dich deinem Ziel näherbringen ...

☐ Ja, ich habe gestern meine drei Handlungen durchgeführt und bin stolz darauf.

☐ Nein. Deshalb lese ich erst weiter, wenn ich es (verdammt nochmal!) schaffe, drei Handlungen pro Tag für mein heißersehntes Ziel durchzuführen!!!

Paradoxerweise ist es für deinen Erfolg gleichermaßen wichtig, täglich etwas dafür zu tun und täglich nichts dafür zu tun. Wenn du dich im Aktionsmodus verrennst, läufst du Gefahr, so manch wichtige Inspiration, die dich schneller und leichter zum Ziel führen könnte, zu übersehen. Gewöhn dir an, regelmäßig (am besten täglich) zehn bis fünfzehn Minuten nichts zu tun. Setz dich hin. Entspann dich. Tu dabei nichts. Lies auch nicht. Nimm einfach wahr, wie es dir geht. Denk an dein Ziel und warte ab, welche Eingebungen dir kommen. Du hast nämlich einen sechsten Sinn. Zeit, den ins Spiel zu bringen.

Sei clever. Verstehe, dass dies keine Zeitverschwendung ist. Im Gegenteil. Deine Intuition offenbart dir so manche Abkürzung und Arbeitserleichterung.

SCHRITT 21:
DEN EXTRAGANG EINLEGEN

Ich weiß, ich bin eine Nervensäge. Aber glaub
mir, es hat gute Gründe, dass ich dich ein weiteres
Mal frage, ob du gestern drei konkrete, praktische
Dinge für dein Ziel getan hast.

☐ Ja, ich habe gestern meine drei Handlungen
durchgeführt und bin stolz drauf.

Wenn du schneller ans Ziel kommen willst, empfehlen wir dir ein Turboelement. Es ist ausnahms-
weise freiwillig. Quasi der Extragang für die Un-
geduldigen! Führe einmal in der Woche einen
sogenannten Tatensprint durch. An diesem Tag
nimmst du dir nicht drei, sondern mindestens
acht Taten für dein Ziel vor. Wenn du das freiwillig tust, wird es dich begeistern, denn du wirst den
anziehenden Manifestationswind spüren!
Welcher Tag ist dafür am besten geeignet?

SCHRITT 22:
DRINGEND FEIERN!

Und? Hast du den Tatensprint ausprobiert? Okay, du musst hier keinen Offenbarungseid leisten – schließlich habe ich extra dazugesagt, dass dies ein freiwilliges Element ist. Aber ... DREI Sachen hast du gestern schon gemacht, oder?

☐ Ja, ich habe auch gestern meine drei Handlungen ausgeführt. Stolz ist gar kein Ausdruck. Ich könnte platzen, so selbstwirksam fühle ich mich!!!

Wenn du den ersten Tatensprint hinter dich gebracht bzw. mindestens eine Woche lang täglich drei Handlungen für dein Ziel vollbracht hast, ist es nun dringend notwendig, auch diesen Etappensieg zu feiern und dadurch dein neues Level an Selbstwirksamkeit in deinem Unterbewusstsein zu verankern. Die neurobiologische Kompakterklärung dazu: Dein Gehirn steht auf Freude und Begeisterung. Bist du so richtig gut drauf, lernt es wesentlich schneller und merkt sich neue Erkenntnisse tiefer. Feiern lockt es quasi auf den neuen Weg!

Angesichts deiner außerordentlichen Fortschritte darf es heute etwas Besonderes sein. Wie könntest du dir zeigen, wie wunderbar dein Leben ist? Grillen, Lustkauf, Kino, Tanzen, Sauna, Massage, seit Langem mal wieder oder in einer besonderen Stellung Sex, Theater, Oper ...?

Ich feiere mein Leben und meine offensichtliche Erfolgsbegabung, indem ich am _____ (Datum) Folgendes mache: _____ _____.

Dazu möchte ich einladen: _____!

SCHRITT 23:
EIN GESCHENK FÜR DICH!

Halbzeit! Ich finde es großartig, dass du bereits so weit gekommen bist. Ich möchte dein Vertrauen und deine Bereitschaft, den Impulsen in diesem Buch zu folgen, anerkennen. Wenn du bis hierher wirklich (Indianerehrenwort?) alle Anregungen umgesetzt hast, schenke ich dir als geistiges Kraftfutter für die nächste Etappe deines Weges das komplette Audioseminar »Erfolg für Fortgeschrittene 8.0« mit mir.

Warum ich das tue?
Weil ich an dich glaube. Weil ich weiß, dass es nicht nur dir selbst, sondern uns allen guttut, wenn du erfolgreich bist.

Auf www.erfolgswerk.tips findest du das Halbzeit-formular. Sobald du es ausgefüllt hast, senden wir dir den Zugang zum Seminar zu.

SCHRITT 24:
VERSIEGLE DEINE ERKENNTNISSE

Du hast dich inzwischen hoffentlich an mein stetiges Nachfragen gewöhnt. Nimm es als Beleg dafür, dass mir an deinem Erfolg wirklich gelegen ist. Also: Hast du gestern drei konkrete Dinge getan, die dich deinem Ziel näherbringen? Und dich entsprechend dafür belohnt?

- ☐ Ja. Na klar habe ich auch gestern meine drei Handlungen durchgeführt. Was denkst du denn?!
- ☐ Ja, ich habe auch gefeiert. Bitte mehr davon!
- ☐ Nein. Ich habe noch nicht gefeiert. Ist aber geplant.

Ich hoffe, du hast keinen Kater vom gestrigen Anerkennungsexzess, denn ein Erfolgsprofi wie du erscheint natürlich auch am Morgen nach dem Feiern auf der Übungsmatte. Heute zeige ich dir einen simplen und eleganten Trick, um deinen Erfolg zu beschleunigen und deine wertvollen Erkenntnisse zu versiegeln. Geh nie wieder einfach so ins Bett, sondern nutze die vorletzten[5]

---

5   Was in den letzten fünf Minuten geschieht, erkläre ich dir morgen.

fünf Minuten vor dem Einschlafen, um dir drei Fragen zu stellen:

- ✔ Was habe ich heute bezüglich meines Ziels gut gemacht?
- ✔ Was habe ich heute bezüglich meines Ziels erkannt?
- ✔ Was kann ich morgen bezüglich meines Ziels noch besser machen?

Das dauert, wenn du es einübst, wirklich maximal fünf Minuten. Doch es wird dir im Lauf der Zeit Stunden sparen und dich fast unerträglich schlau und erfolgreich machen.

Denk dran ...

Um diesem Kapitel Vehemenz zu verleihen: Ich bin nach zwei Jahrzehnten Coaching und Training im Bereich Erfolg absolut davon überzeugt, dass allein dieser Tipp unendlich wertvoll ist. Ich garantiere dir: Setzt du ihn konsequent ein Jahr lang um, wirst du dein Leben im positiven Sinn nicht wiedererkennen.

SCHRITT 25:
SCHLAFE GLÜCKLICH EIN

Okay, das mit den drei Handlungen setze ich jetzt mal voraus – obwohl, wer weiß … Wie steht es denn mit dem Erkenntnis-Check? Schon ausprobiert?

☐ Ja. Mindestens drei Handlungen für mein Ziel habe ich durchgeführt. Ich mache das fast schon automatisch.

☐ Ja. Ich habe gestern Abend meinen Erkenntnis-Check durchgeführt. Ich fühle mich bereits etwas schlauer![6]

Ich empfehle dir, ab jetzt, wenn möglich, jede Nacht glücklich einzuschlafen. Erstens fühlt sich das gut an. Zweitens wirkt sich dein Glück positiv auf deine Traumwelt aus. Drittens fällt glücklichen Menschen am nächsten Tag der Erfolg leichter. Die einfachste Methode, um dein Einschlafen möglichst erfreulich zu gestalten, ist Dankbarkeit. Du bekommst sie kostenlos, ohne Rezept, und sie

---

6 Warum gibt es keine NEINs mehr zum Ankreuzen? Weil du entweder bis hierher verstanden hast, wie wesentlich die gründliche Durchführung für deinen Erfolg ist, oder dieses Buch kann dir auch nicht helfen.

hat im Gegensatz zu Psychopharmaka keine schädlichen Nebenwirkungen.

Stell dir ab jetzt in den letzten fünf Minuten vor dem Einschlafen eine oder alle der folgenden Fragen:

Wofür bin ich heute dankbar?
Wer hat mich heute wie beschenkt?
Was habe ich heute genossen, was nicht selbstverständlich ist?

Dankbarkeit ändert einfach alles.

SCHRITT 26:
WEIL ES SO WICHTIG IST

Du weißt schon, was jetzt wieder kommt ...

☐ Ja. Ich habe gestern mindestens drei Handlungen für mein Ziel ausgeführt.

☐ Ja. Ich habe voll gecheckt, wie wichtig diese Handlungen für meinen Erfolg sind.

SCHRITT 27: ERFOLGSTURBO 1 – DEIN SCHLAFPLATZ

☐ Ja. Ich habe gestern mindestens drei Handlungen für mein Ziel durchgeführt.

In diesem und den folgenden Abschnitten stellen wir dir einige Erfolgsturbos vor. Jeder von ihnen ist freiwillig. Sie sind leicht umzusetzen und wirken stark energetisierend. Sie setzen Freude frei. Sie beschleunigen deinen Erfolg. Warum also nicht?

Wenn du sie anwenden möchtest, empfehlen wir dir einen Turbo pro Tag.

Der erste dieser Erfolgsturbos besteht darin, dass du deinen Schlafplatz klärst. Dein Schlafplatz ist ein magischer Ort. Du siehst ihn vor dem Einschlafen und beim Aufwachen, also jedes Mal, wenn der Zugang zu deinem Unterbewusstsein weit geöffnet ist. Räume den Ort, an dem du schläfst, (falls notwendig) auf. Installiere auf deinem Nachttisch etwas, das dich auf schöne Weise an dein Ziel erinnert. Zum Beispiel ein Bild, das dein Ziel symbolisiert.

SCHRITT 28: ERFOLGSTURBO 2 – DEIN ARBEITSPLATZ

☐ Ja. Ich habe gestern mindestens drei Handlungen für mein Ziel durchgeführt.

✔ Checke heute deinen Arbeitsplatz.
✔ Räume ihn auf (wenn notwendig).
✔ Installiere auf deinem Arbeitsplatz etwas, das dich auf schöne Weise an dein Ziel erinnert. Zum Beispiel ein Bild, das dein Ziel symbolisiert, oder dein Ziel aufgeschrieben auf einem Blatt.

Denk dran ...

Unterschätze niemals die Wirkung solch scheinbar kleiner Veränderungen. Dein Unterbewusstsein registriert alles in deiner Umgebung. Je mehr Gegenstände, Symbole und Texte an dein Ziel erinnern, desto tiefer wird es verankert.

SCHRITT 29: ERFOLGSTURBO 3 – DER MAGISCHE ORT

☐ Ja. Ich habe gestern mindestens drei Handlungen für mein Ziel umgesetzt.

✔ Checke heute den magischen Ort, an dem es sich hervorragend visualisieren und nachdenken lässt ... deine Toilette.

✔ Installiere an der Wand (auf die du schaust, wenn du es tust ;-)) ein Bild, das dein Ziel symbolisiert, oder dein schön aufgeschriebenes Ziel.

SCHRITT 30: ERFOLGSTURBO 4 – EIN VISION BOARD

☐ Ja. Ich habe gestern mindestens drei Handlungen für mein Ziel durchgeführt.

Hast du die Möglichkeit, in deinen Wohn- oder Arbeitsräumen ein Vision Board zu installieren? Dafür brauchst du eine große Fläche (mindestens A2) auf Papier, auf einer Wand oder Tafel. Darauf kannst du nun Bilder, Fotos, Worte, Ideen als Collage anordnen, die dich an deine wichtigsten Ziele erinnern. Das ist eine hochwirksame Methode, um dein Unterbewusstsein zu stimulieren. Sehr empfehlenswert!

Willst du solch ein Vision Board für dich selbst ausprobieren?

Ja, ich möchte ein Vision Board einrichten, und zwar an folgendem Ort:

_____

_____

_____

Du findest in deinem persönlichen Bereich eine genaue Erklärung, wie ein Vision Board funktioniert.

SCHRITT 31: ERFOLGSTURBO 5 – DEINE ERFOLGSMUSIK

☐ Ja. Ich habe gestern mindestens drei Handlungen für mein Ziel ausgeführt.

Auch dieser Schritt ist einer, der viel Freude bereiten kann! Musik ist eine der besten Methoden, um positive Zustände zu induzieren und gleichzeitig Erfolgsbilder in deinem Unterbewusstsein zu verankern. Leg dir eine Liste mit Songs zu, die in dir Kraft und Zuversicht auslösen. Brenne dir diese Songs auf eine CD bzw. lade sie auf dein Smartphone. Höre sie täglich. Auf dem Weg zur Arbeit. Beim Sport. Beim Saubermachen. Stell dir vor, während du sie hörst, dass du dein Ziel bereits erreicht hast. Je öfter du diese Musik aufdrehst, dich gut fühlst und dabei visualisierst, desto stärker werden deine Ziele in deinem Unterbewusstsein verankert.

SCHRITT 32: ERFOLGSTURBO 6 – ERREGUNG NUTZEN

☐ Ja. Ich habe gestern mindestens drei Handlungen für mein Ziel durchgeführt.

Die Kunst besteht darin, dein neues Ziel so tief in deinem Unterbewusstsein zu verankern, dass du beginnst, dich aus dem Inneren heraus einfach und automatisch darauf zuzubewegen. Klingt das gut? Ist es auch.

Wie bekommst du dein Ziel in dein Unterbewusstsein?

Hier die magische Formel:

Nutze ab jetzt die erregten Zustände deines Lebens (beim Sport, Lachen, Treppensteigen, Sex, Wütendsein, Kaltduschen ...), um dein Ziel laut auszusprechen und zu visualisieren. Je öfter, desto besser.

Übung

Gleich mal ausprobieren? Mach zehn Liegestütze. Nenne kurz dein Ziel, während du runtergehst. Schließe beim Hochkommen deine Augen und stell dir vor, wie du in deine Vision hineinwächst. Schau dir die Bilder an und brülle ruhig kurz: »Ja!« Nimm wahr, wie du dich danach fühlst.

WIEDERHOLUNG = VERANKERUNG

Du findest in deinem Leserbereich ein kurzes Video, in dem du siehst, wie wir im Team unsere Ziele lebendig visualisieren.

SCHRITT 33: ERFOLGSTURBO 7 –
FUCK IT!

☐ Ja. Na klar habe ich gestern mindestens drei Handlungen für mein Ziel durchgeführt. Ich hab's voll drauf.

Selbst dem fortgeschrittenen Profi kann es hin und wieder passieren, dass er von Zweifeln[7] überfallen wird. »Ich schaffe das nie. Die Welt ist gegen mich. Macht alles keinen Sinn.«

Kommt dir das vertraut vor? Mal ehrlich: Ödet es dich nicht auch manchmal ganz schön an, so zu denken?

Wir verraten dir jetzt ein Geheimnis. Jeder dieser Zweifel ist nichts weiter als ... ein Gedanke. Und dieser Gedanke besteht aus ... nichts. Wenn du ihm allerdings deine Aufmerksamkeit schenkst, lenkt er deinen Fokus von dem ab, was du willst. Hin zu dem, was du nicht willst. Du kannst dem Zweifel lustvoll frönen. Du kannst ihn analysie-

---

7   Wichtige Unterscheidung: Hier geht es um notorische, dich selbst bereits kolossal langweilende Selbstzweifel, die sich als sture Denkangewohnheit eingeschlichen haben – und nicht um eventuell berechtigte Hinterfragungen zu deinem Ziel (Habe ich alle Fähigkeiten, um das Ziel zu erreichen? Verfüge ich über eine klare Strategie? Brauche ich zusätzliche Hilfe, Kenntnisse, Mitstreiter?).

ren. Du kannst dich für ihn bedauern. Du kannst ihn aber auch ganz einfach stoppen, indem du, wenn du dich beim Zweifeln ertappst, laut das vom Erfolgswerk abgesegnete Mantra »Fuck it!« ausrufst und dir dabei vorstellst, wie die alte Schallplatte deiner Selbstzweifel einen Sprung bekommt.

Gleich mal ausprobieren. Denk einen dir vertrauten schwächenden Gedanken und dann ...

Frage dich im Anschluss sofort: »Und was will ich eigentlich denken?«

SCHRITT 34: DREAM-PARTY

☐ Ja. Ich habe gestern mindestens drei Handlungen für mein Ziel ausgeführt.

So viel ist auf deinem Weg schon passiert. Respekt! Höchste Zeit, das wieder einmal zu feiern. Hier kommt mein Vorschlag: Veranstalte eine kleine bis große, leise oder laute Party. Lade dazu Menschen ein, die du wirklich magst und mit denen du dich sicher fühlst. Denn ich möchte dich dazu inspirieren, besonders mutig zu sein und das Gespräch zu lenken. Plane zwischen Schmausen, Trinken, Tanzen mindestens eine halbe Stunde ein, in der du euch alle dazu einlädst, in einem gemütlichen Kreis über folgende Fragen zu sprechen:

Welche Träume hattet ihr als Kinder?
Welche Träume habt ihr noch heute?
Wenn noch viel mehr möglich wäre, welchen Traum würde jeder von euch gern angehen?

Und zum Abschluss, quasi als Goodie, beschenkt jeden von euch damit, dass alle anderen zwei bis drei Aspekte aufzählen, die sie an diesem Menschen besonders schön finden. Vielleicht wird es sich zuerst seltsam anfühlen, eurem Gespräch bewusst eine Richtung zu geben. Doch mal ganz ehrlich: Auf wie vielen Partys und in wie vielen Gesprächen hast du dich schon gelangweilt, weil dich die Themen null interessiert haben?

Ein erfolgreicher Mensch versteht, dass Kommunikation entweder eine sinnlose Energieverschwendung oder freudvolle Schöpfung sein kann. Dein Leben ist kostbar!

SCHRITT 35:
INNEHALTEN UND KORRIGIEREN

☐ Ja. Ich verstehe immer mehr, warum diese drei Handlungen so bedeutsam für meinen Erfolg und meinen Selbstwert sind, und habe sie auch gestern voller Freude umgesetzt.

Du müsstest nun seit ungefähr einem Monat konsequent auf dem Weg deines Erfolgs sein. Herzlichen Glückwunsch! Es ist entscheidend, nach Etappenabschnitten innezuhalten und den jeweils aktuellen Stand zu analysieren. Heute ist ein guter Tag dafür.

Übung

Gönn dir ein paar ruhige Minuten, setz dich mit deinem Notizbuch hin und überleg mal:
Welche kleinen und großen Erfolge kannst du bis hierher verzeichnen? Bitte liste sie wirklich alle auf.
Womit bist du unzufrieden?
Was läuft nicht so, wie du es dir wünschst?
Welche Korrekturen an deiner inneren Einstellung bzw. deiner äußeren Strategie möchtest du vornehmen?

Geh diesen vielleicht auch unangenehmen Erkenntnissen nicht aus dem Weg. Schau nüchtern hin. Auch wenn die folgende Äußerung von Albert Einstein sicher überstrapaziert wurde, gilt sie noch immer:

»Dummheit ist, immer wieder dasselbe zu tun und ein anderes Ergebnis zu erwarten.«

⚌ **ERFOLGS**WERK **TIPP**

Wenn du das Gefühl hast, dich über einen längeren Zeitraum angestrengt zu haben und dennoch nicht vorwärtszukommen, empfehle ich dir dringend, etwas Geld in ein professionelles Coaching[8] zu investieren. Es kann sein, dass es einen blinden Fleck in deiner Erfolgsstrategie und/oder deiner Eigenwahrnehmung gibt, der für unnötige Reibung und Leid sorgt. Das muss nicht sein! Schau gemeinsam mit einem Profi auf deine Herangehensweise.

---

8   Wir vermitteln dir gern Berater und Coaches aus unserem Netzwerk. Siehe Leserbereich.

SCHRITT 36: KREATIVITÄTS-SLAM

☐ Ja. Na klar habe ich gestern mindestens dreimal den Hund gebissen.

☐ Der erste Punkt war nur ein Test, ob du hier
noch aufmerksam mitliest. Natürlich geht es
um deine drei Handlungen.

Wenn du ein Ziel außerhalb deiner bekannten
Komfortzone aufstellst, tauchen natürlich auch
die »Wie?«-Fragen in deinem Verstand auf: »Wie
komme ich da hin? Wie kann ich das realisieren?«
Da jeder von uns nur über eine limitierte Anzahl
von Lösungsmöglichkeiten verfügt, brauchst du
hin und wieder einen echten Ausbruch aus der
Box deiner geistigen Begrenzungen. Dafür empfehle ich dir einen Kreativitäts-Slam. Lade dazu
gute Freunde ein. Das sind die, die genau wie du
Freude daran haben, größer zu denken, und die
dir Erfolg gönnen. Organisiere leckeres Essen,
Lieblingsgetränke, coole Musik und ein Flipchart.
Schreib dein Ziel in die Mitte der Tafel. Leg Musik auf. Bewegt euch. Tanzt. Lockerer Körper =
lockerer Geist. Dann stell eine einzige Frage in
den Raum: »Welche Ideen fallen uns ein, um Ziel
X zu erreichen?«

Es gibt nun mindestens eine Stunde lang nur zwei Regeln:

1. Es gibt kein »Ja, aber ...«. Nur Lösungsvor-schläge.
2. Jede Idee, auch die scheinbar verrückteste, kommt auf das Flipchart.

Am Ende der Zeit sucht ihr euch die drei bis fünf besten Ideen heraus und besprecht, wie ihr diese sofort durch Taten in Bewegung bringen könnt.

SCHRITT 37: IM FALLE EINER KRISE – NOTFALLMEDIZIN

☐ Ist dir der Hund gestern aufgefallen?

☐ Ja, ich habe meine drei liebsten Handlungen auch gestern durchgeführt. Mir ist klar, dass ich, falls ich es mal nicht tue, nicht weiterlese. Manchmal bin ich selbst verblüfft über meine Entschlossenheit.

Natürlich kann es vorkommen, dass du auch mal einen Hänger hast, nicht mehr weiterweißt, den Mut verlierst. Hier kommt dein Erste-Hilfe-Paket:

1. Geh zu Schritt 11 und lies dir laut deine guten Gründe vor.
2. Welcher deiner Freunde kann groß denken, gut zuhören und mitfühlen? Bei wem könntest du dir Ermutigung, Rat bzw. Feedback holen?
3. Bleib nicht sitzen. Beweg dich. Geh spazieren. Jogge. Tanze. Höre dabei deine Playlist mit Erfolgsmusik.
4. Kennst du die Bücherreihe »Hühnersuppe für die Seele«? Sie besteht aus einer Sammlung wahrer und stark inspirierender Geschichten – von Menschen wie dir! Wo ist der

nächste Bücherladen? Es lohnt sich wirklich, in diese Bücher hineinzulesen.

5. Wenn das nicht hilft: Lass die Zügel ruhig mal locker. Leg einen »Die Welt kann mich mal!«-Tag ein, an dem du nicht in diesem Buch weiterliest, nicht visualisierst und auch keine Erfolgshandlungen umsetzt, sondern es dir einfach nur gutgehen lässt. Wichtig ist nur, dass du dich bewusst dazu entscheidest und am nächsten Morgen weitermachst.

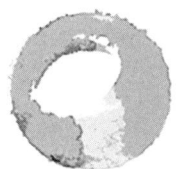

SCHRITT 38: SPIEL DICH INS ALPHA!

☐ Ja, ich habe meine drei liebsten Handlungen auch gestern durchgeführt.

Wie bewegst du dich auf dein Ziel zu? Verkrampft, ernsthaft, angestrengt? Oder lächelnd, verspielt, entspannt? Kleine Gehirnfrequenzkunde: Unser Gehirn kann auf verschiedenen elektrischen Frequenzen senden, wie Alpha, Beta, Theta, Delta … Jede dieser Frequenzen induziert einen anderen Bewusstseinszustand. Wenn du dich auf dem Weg zu deinem Ziel zu sehr anstrengst, verrennst du dich in Beta. Du bekommst dann einen Tunnelblick. Du blockierst deine Intuition und deine Kreativität. Viele überraschende Lösungen und Wegabkürzungen offenbaren sich, wenn dein Gehirn auf Alpha sendet. Das ist der Zustand, in dem du wach und entspannt bist.[9] Du kannst diesen Frequenzbereich auch heute gezielt induzieren.

---

9   Ja, das geht. ;-) Als Kinder haben wir das sehr häufig erlebt.

Zum Beispiel durch ...

... Lachen,
... Tanzen,
... Malen,
... Sex,
... Spazierengehen,
... Tagträumen.

Wann hast du diese Aktivitäten das letzte Mal genossen? Wenn du möglichst schnell und einfach Erfolg haben und auf dem Weg dahin auch noch glücklich sein willst, stimuliere täglich die Alpha-Frequenzen deines wunderbaren Gehirns.

Sag dir: »Heute werde ich meine drei Handlungen bewusst verspielt und lässig (wie ein Kind bei seinem Lieblingsspiel) ausführen.«

Im Leserbereich findest du eine geführte Alpha-Meditation und eine Empfehlung für eine ganz bestimmte Soundtechnologie, die diesen Zustand auf sehr effektive und angenehme Weise induziert.

SCHRITT 39: HOL DIR HILFE

☐ Doch, doch – ich habe auch gestern meine drei Handlungen ausgeführt ... ganz easy und verspielt.

Guter Erfolg ist niemals eine Einzelanstrengung, sondern ein Ergebnis von Kooperation. Mach es dir einfacher. Hol dir Hilfe.

Liste mindestens fünf Menschen auf, die du um Rat bitten könntest:

Name	Wann werde ich diesen Menschen kontaktieren?
_____	_____
_____	_____
_____	_____
_____	_____
_____	_____
_____	_____
_____	_____
_____	_____

Liste mindestens fünf Menschen auf, die du um konkrete Hilfe bitten könntest:

Name	Wann werde ich diesen Menschen kontaktieren?
_____	_____
_____	_____
_____	_____
_____	_____
_____	_____
_____	_____
_____	_____

1. Frag diese Menschen, was du im Gegenzug für sie tun kannst.

2. Nimm es nicht persönlich, wenn du eine Absage bekommst. Es bedeutet lediglich, dass diese Menschen gerade mehr mit anderen Dingen beschäftigt sind. Du erhältst dadurch die großartige Gelegenheit, jemand anderen anzusprechen, der dir noch besser helfen kann. Jedes NEIN bringt dich weiter, wenn du JA dazu sagst!

SCHRITT 40: BLEIB WEICH

☐ YES! Drei Aktionen erfolgreich durchgeführt.

Der Weg zu deinem Ziel löst hin und wieder auch Stress aus, denn du dehnst deinen Geist. Du handelst außerhalb deiner Komfortzone. Die Kunst besteht darin, den Stress willkommen zu heißen und ihn im positiven (noch wohltuenden) Bereich zu halten.

Die folgenden Dinge helfen dir dabei:

- Immer mal wieder bewusst und sanft ausatmen. Dabei lächeln, die Schultern entspannen, den Körper weich machen und dir vorstellen, wie der Stress in die Erde sinkt.
- Dir beim Laufen (egal wohin) die Frage stellen: »Kann ich diesen Weg auch freundlich mit mir selbst gehen?«
- Eine Liste all der guten Dinge aufstellen, die dich entspannen (Badewanne, Sauna, Massage ...), und dir täglich etwas davon gönnen.

Hol dir im Leserbereich die Meditation »Weicher Bauch« und genieße sie, wann immer du Entspannung brauchst.

SCHRITT 41: LABE DICH MIT SPIRIT

☐ YES! Drei Aktionen erfolgreich durchgeführt.

Wenn du mehrere Tage hintereinander nichts isst, fehlt dir irgendwann die körperliche Kraft, deine Ziele zu verfolgen. Stimmt's? Genau dasselbe kann passieren, wenn du deinem Geist längere Zeit kein inspirierendes Futter anbietest. Ihm geht die Puste aus. Er fängt an, kleiner und ängstlicher zu denken und dich in deine alte Komfortzone zurückzupfeifen. Ich nenne geistige Nahrung, die dich erhebt und ermutigt, Spirit.

Je weiter du die Grenzen deiner Möglichkeiten ausdehnen möchtest, desto mehr Spirit brauchst du – und zwar auf einer regelmäßigen Basis. Füttere deinen Geist jeden Tag bewusst mit Informationen, die ihn aufbauen und ermutigen.

Welche Bücher und Filme ermutigen dich und öffnen deinen Geist?
Welche Gespräche mit welchen Menschen erheben dich?
Welche Geschichten von Menschen, die Ähnliches erreicht haben wie das, was du dir wünschst, kennst du? Suche gezielt nach Büchern über solche wahren Geschichten.
Meide konsequent Nachrichtenquellen, die dich runterziehen.

Erstelle deine bevorzugte Spirit-Speisekarte:

_____

_____

_____

_____

_____

_____

_____

_____

_____

SCHRITT 42: DEIN LANGER ATEM

Wo stehst du mit deinem Ziel? Bist du noch am Ball? Setzt du täglich drei Handlungen für dich um? Glaub mir, es lohnt sich!!!

Manche Ziele erreichen wir überraschend über Nacht. Andere bewegen sich eher schüchtern auf uns zu. Na und? Genieße dein Leben in der Gegenwart UND handle jeden Tag mindestens dreimal für dein Anliegen. Wenn möglich, voller Freude. Sieh jede Handlung nicht als eine Pflicht, sondern als einen Akt der Selbstliebe an.

Die Erfolglosen trennt nicht mangelndes Talent von den Erfolgreichen, sondern das Fehlen von langem Atem. Ihnen geht die Luft aus, sie haben keine Geduld. Du bist jetzt schon so weit gegangen. Sei smart. Geh weiter. Führe heute deine drei Handlungen besonders wach und entschlossen durch, als wären sie dein ultimatives Zeichen an das Universum, dass du es wirklich-wirklich-wirklich wissen willst.

SCHRITT 43: TU SO, ALS OB

☐ Gestern habe ich meine drei Handlungen durchgeführt, als ob meine Zukunft davon abhängen würde.[10]

Heute steht dir eine lustige Aufgabe bevor: Lebe so, als sei dein Ziel bereits in Erfüllung gegangen. Zieh dich dementsprechend an. Erkenne dich vor dem Spiegel für das Erreichen deines Ziels an. Lauf selbstbewusst und dankbar durch die Straßen. Erzähl deinen besten Freunden in der Gegenwartsform von deinem Ziel.

Übung

Wie könntest du die Erfahrung »So tun, als ob ...« noch verstärken? Kannst du dir ein passendes Auto ausleihen? In welcher angemessenen Location könntest du heute essen gehen?

---

10   Das tut sie auch. Dein Leben in einem Jahr wird das Ergebnis deiner Handlungen von heute sein.

Ich weiß, das klingt verrückt. Eventuell wird es sich in den ersten Minuten schräg anfühlen. Doch dann »rutschst« du plötzlich in die Erfahrung hinein! Nichts ist für dein Gehirn beeindruckender als eine Referenzerfahrung in der Gegenwart!

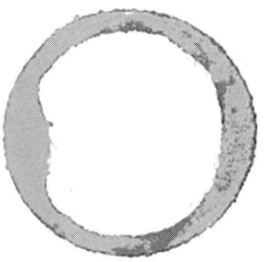

SCHRITT 44: DIE MEISTERLICHE WAHL

Heute ist der 44. Tag. Du stehst vor einer entscheidenden Weggabelung und einer bedeutsamen Wahl. Doch zuvor habe ich zwei Fragen an dich:

Wie geht es dir?
Hast du dein Ziel eventuell bereits erreicht?

Ja?

Dann würde ich mich jetzt am liebsten zu dir herüberbeamen und mit dir gemeinsam feiern!
Ich freue mich so mit dir für deinen Erfolg! Da sich unsere Wege nun für den Moment hier trennen,[11] möchte ich gern noch einige wertvolle Tipps mit dir teilen.

1. Du hast es geschafft, und deshalb laden wir dich in die »Hall of Fame« auf unserer Erfolgswerk-Website ein. Geh dafür auf www.erfolgswerk.tips und informiere uns alle über deinen Erfolg. Du bekommst dann auch eine offizielle Erfolgsurkunde zugesandt.

---

11 Ich freue mich natürlich, wenn wir uns demnächst einmal live begegnen.

2. Kennst du das ultimative Erfolgsgeheimnis? Vermehre durch Teilen! Du hast so viel auf deinem Weg erreicht. Wem könntest du nun mit deinen Erfahrungen auf seinem Pfad weiterhelfen? Wem könntest du als Mentor bei der Erfüllung seiner Träume zur Seite stehen? Hat dir das Buch gutgetan? Empfiehl oder verschenke es weiter!

3. Fühlst du dich nun sattelfest im Manifestieren, oder möchtest du all die wesentlichen Qualitäten gleich noch einmal an einem größeren Ziel vertiefen? Dann leg eine kurze Pause ein und stell dich danach wieder auf die Übungsmatte. Ein Meister, eine Meisterin übt jeden Tag. Ich verspreche dir, du wirst bei jedem Durchlauf neue Dimensionen deines Erfolgs entdecken.

Nein?

Kein Grund, traurig zu sein. Manche Vorhaben brauchen länger. Eine Eichel wird nicht über Nacht zu einem mächtigen Baum. Doch da sich unsere Wege nun trennen, stehst du vor einer entscheidenden Wahl. Ich nenne sie die Wahl der Meister, denn sie verrät viel über deinen Reifungsgrad. Unreife Menschen hängen an der Vorstellung des leichten Erfolgs über Nacht. Sie sind schnell frustriert und geben voreilig auf. Meister wissen, dass es nicht nur um das Erreichen eines Ziels geht, sondern um das tägliche, bewusste Praktizieren. Natürlich freuen sie sich, wenn sich der gewünschte Erfolg einstellt. Doch sie achten auch den Weg für seine Geschenke und für die Schulung in solch kostbaren Qualitäten wie Demut, Entschlossenheit, Hingabe oder Dankbarkeit.

Was ist deine Wahl?

Du kannst heute aufgeben und das Buch verschämt in dein Bücherregal stellen. Oder du beginnst es morgen neu. Bitte verstehe eins: Jeder Mensch, den du für eine Errungenschaft bewunderst, stand genau wie du an dieser Weggabelung: Aufgeben, weil das Ziel nicht schnell genug kommt, oder auf jeden Fall dranbleiben. Es ist eine unglaublich erfüllende und bestärkende Erfahrung, wenn du dich (endlich) entscheidest, einen langen Atem zu beweisen und etwas bis zu seiner sauberen Vollendung durchzuziehen.

Deshalb mein Rat: Starte morgen wieder mit dem ersten Schritt. Lies es, als ob du es noch nie gelesen hättest. Wacher. Gründlicher. Offener. Was hast du eventuell beim ersten Mal übersehen? Wo bist du nicht intensiv genug an die Umsetzung herangegangen? Wie kannst du am Ball bleiben UND den Weg genießen?

Egal, ob du heute bereits auf ein erfülltes Ziel schauen kannst oder nicht:
Du hast dich nun mindestens 44 Tage mit diesen Themen beschäftigt. Glaub mir, das ist außergewöhnlich. Deshalb feiere heute auf jeden Fall!

> Feiere deinen Einsatz.
> Feiere das Wunder deines Lebens.
> Feiere all den Reichtum,
> den du bereits erleben darfst.

Es wird für uns Menschen immer irgendwelche Ziele am Horizont geben.
Lass uns mutig hinaussegeln und gleichzeitig nicht vergessen,
dass der einzig wahre Moment, den wir genießen dürfen,
JETZT ist.

Ich danke dir aus tiefstem Herzen, dass du so viele kostbare Momente deines Lebens mit mir geteilt hast.
Mögest du wahrhaft glücklich sein.

Veit

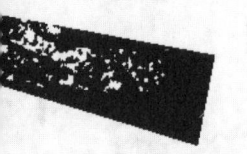

ANHANG

Über das Erfolgswerk

Das Erfolgswerk ist ein spielerisch-ernst aufzufassendes Bildungsprojekt, das es sich zur Aufgabe gemacht hat, die für unser Glück so wichtige Erfahrung der Selbstwirksamkeit als Gesprächs- und Entwicklungsthema breiten Teilen der Bevölkerung zugänglich zu machen.

Das geistige Fundament des Erfolgswerks besteht aus zwei Kernthesen:

1. Niemand lebt bereits sein volles Potenzial. Es geht immer noch viel mehr.
2. Ein Mensch, der weiß, was er wirklich-wirklich will, und sich dafür erfolgreich einsetzt, nutzt der gesamten Gesellschaft.

Die zentrale Austauschplattform des Erfolgswerks ist die Website **www.erfolgswerk.tips.**
Hier findest du wertvolle Informationen, interaktive Bücher, Interviews, Videos ... rund um die Themen Erfolg und Selbstwirksamkeit. Die Leser dieses Buchs erwartet auch ein eigener Leserbereich mit Zusatzmaterial.

Das agile und multimediale Projekt wurde von Veit Lindau initiiert und ist offen für viele weitere Erfolgsexperten, ermutigende Beiträge und Selbsterfahrungsberichte! Immer her damit!

Mehr gutgesinnte UND erfolgreiche Menschen braucht das Land.

Weiterführende Buchtipps

Auf der Website **www.erfolgswerk.tips** findest du Hinweise auf weiterführende Literatur. Die Liste wird ständig ergänzt.

Veit Lindau
Autor. Trainer. Speaker.

Veit Lindau (geb. 1969) wirkt als Teacher, Speaker und Autor. Er versteht sich als liebevoll-konsequenten Reformer, achtsamen Businesspunk und Freigeist. Er gilt im deutschsprachigen Raum als führender Experte für eine integrale Selbstverwirklichung des Menschen. Durch erfolgreiche Unternehmen und Projekte (Life Trust Akademie, HUMAN TRUST AG, ichliebedich-Mtiftung) demonstriert er, dass es möglich ist, Sinnhaftigkeit und Erfolg miteinander zu vereinen.

Sein gegenwärtiges größtes Projekt ist die Entwicklung des HUMAN TRUST, einer integralen Coaching- und Vernetzungsplattform mit mehreren tausend Mitgliedern. Seine Bücher, einige Bestseller (»Werde verrückt«, »SeelenGevögelt«, »Heirate dich selbst«, »Liebe Radikal«, »NO Problem«), sind provokante, liebevolle Weckrufe.

Energisch und augenzwinkernd ruft er dazu auf, im täglichen Leben konkret umzusetzen, was wir alle bereits wissen. In seinen Vorträgen und Seminaren ermutigt, inspiriert und fordert er heraus.

Texte, Videos und Events:
www.veitlindau.com

Bleib täglich mit Veit in Kontakt:
www.facebook.com/veitlindau

humantrust
Weil dein Leben kostbar ist.

Herzlich willkommen auf Europas größter
Life Coaching Plattform, deinem Wachstumsfeld für
gutes Leben! Mit Andrea und Veit Lindau und vielen
anderen renommierten Expert*innen für alle essenziellen
Bereiche des Lebens: Fitness, Meditation, Erfolg,
Partnerschaft, Business … Tagesimpulse, Intensivkurse,
Live Videos, Austauschgruppen …
Wenn du mehr willst – mehr Fokus, inneren Frieden,
Erfolg, Beziehung, Gesundheit, Vernetzung mit guten,
wachen Leuten – dann bist du hier richtig! Ab jetzt ist
der Personal Coach für alle da.
Schau doch mal vorbei: www.humantrust.com

thinkbigEVOLUTION
Mach deinen Traum wahr!

Ein 33-tägiger Erfolgskurs von und mit Veit Lindau.

thinkbigEVOLUTION ist eine Einladung an dich, größer und freier darüber zu denken, was du kannst, wer du bist, was du der Welt zu geben hast und dementsprechend zu handeln!

Was ist dein sehnlichstes Ziel?
Es ist Zeit, es zu erreichen!
Neueste psychologische Erkenntnisse vereinen sich in SinkBigEvolution mit traditioneller Weisheit. Der Inhalt, künstlerisch hochwertig und multimedial aufbereitet, enthält 33 Lektionen (Video und Audio), ein umfangreiches Handbuch (zum Download), und acht begleitende Meditationen. Zusätzlich erhältst du noch das 100-Tage-Erfolgstagebuch »Mein Manifest«. Für diese 33 Tage wählen die Teilnehmer ein für sie wesentliches Ziel außerhalb ihrer Komfortzone aus. Anhand seiner konkreten Realisierung erforschen die Teilnehmer nun für 33 Tage die Prinzipien des ganzheitlichen Erfolgs!

www.thinkbigevolution.com